오래전 알에서 태어난 박혁거세가

한반도 동남쪽 서라벌 땅에 신라를 세웠어요.

삼국 중 가장 작은 나라였던 신라는 차근차근 힘을 길러

고구려, 백제를 쓰러뜨리고 우리 땅을 하나로 통일했지요.

시간이 흘러 신라가 조금씩 나라의 힘을 잃어 가던 때,

한 처녀가 앞 못 보는 어머니를 모시기 위해 스스로 종이 되었어요.

처녀의 이야기는 신라의 화랑들과 여왕님뿐 아니라

많은 사람들에게 큰 감동을 주었지요.

# 효녀 지은과 화랑 효종랑

**글쓴이 이흔**

오랫동안 어린이 책 출판사에서 편집자로 일했습니다. 지금은 우리 역사와 문화에 관한 책을 기획하고 쓰고 있습니다. 지은 책으로 『조선 선비 유길준의 세계 여행』, 『모두 우리나라야!』, 『박 부자네 가훈은 대단해』, 『내가 진짜 조선의 멋쟁이』, 『왜 왜 왜 김치가 좋을까?』 등이 있습니다.

**그린이 안은진**

홍익대학교에서 회화를 공부했습니다. 1994년 대한민국 미술대전 특상을 수상했고, 영국 킹스턴대학 온라인 과정 API(advenced program in illustration)를 수료했습니다. 그린 책으로 『나는 나의 주인』, 『달을 찾아서』, 『무엇을 탈까』, 『놀라운 생태계, 거꾸로 살아가는 동물들』 등이 있습니다.

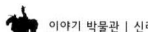

이야기 박물관 | 신라

# 효녀 지은과 화랑 효종랑

이흔 글 · 안은진 그림

1판 1쇄 펴냄—2013년 6월 14일, 1판 2쇄 펴냄—2013년 12월 20일
펴낸이 박상희 편집장 김은하 편집 이경민 디자인 허선정 펴낸곳 (주)비룡소 출판등록 1994. 3. 17.(제16-849호)
주소 135-887 서울시 강남구 신사동 506 강남출판문화센터 4층 전화 영업(통신판매) 02)515-2000(내선1) 팩스 02)515-2007 편집 02)3443-4318,9
홈페이지 www.bir.co.kr

ⓒ이흔, 안은진, 2013. Printed in Seoul, Korea

ISBN 978-89-491-8273-5 74810/ ISBN 978-89-491-8270-4(세트)

- **자료 제공** | 국립중앙박물관, 국립경주박물관, 사계절
- **참고한 책** | 『국보』(웅진, 1992), 『한국의 미 5-토기』(랜덤하우스중앙, 1992), 『한국생활사박물관 5-신라생활관』(사계절, 2001)
- 본문에 나오는 유물 중 일부는 내용에 맞춰 실제 용도와 다르게 표현하거나, 모양을 변형해 사용했습니다.

# 효녀 지은과 화랑 효종랑

이흔 글 · 안은진 그림

비룡소

**오래전** 신라 땅 서라벌에 효종랑이라는 화랑이 살았어.
효종랑은 어렸지만 따르는 화랑들이 무척 많았지.

봄 햇살이 따사로운 어느 날, 효종랑이 화랑들을 불러 모았어.
경치 좋은 곳을 찾아 무술도 닦고 놀이도 즐길 참이었어.

서라벌 남쪽에 길게 뻗은 남산 밑 포석정에서 한숨 돌릴 때였어.
화랑 두 명이 허둥지둥 달려왔어. 효종랑이 엄한 목소리로 꾸짖었지.
"모두 때맞춰 왔는데 어찌하여 그대들만 늦었는가?"

두 사람이 숨을 헐떡이며 말했어.
"오는 길에 딱한 광경을 보아, 그냥 지나칠 수가 없었습니다."
효종랑은 두 화랑의 이야기를 들어 보기로 했어.

서라벌에는 분황사라는 절이 하나 있는데, 그 절 동쪽 마을에 사는 지은이라는 처녀의 이야기였어.
지은은 조그마한 집에서 덕지덕지 기운 옷을 입고, 거친 밥을 먹었지만 늘 얼굴빛이 밝았어.
아버지 어머니가 곁에 계신 것만으로 그저 좋았대.

그런데 이걸 어째! 지은의 아버지가 갑자기 세상을 떠난 거야.
산길에서 호랑이를 만나 뒷걸음을 치는데, 큰 뱀이 사르르 다가와
다리를 꽉 물었다지 뭐야. 지은은 앞 못 보는 어머니와 단 둘이 살게 되었어.

지은은 먹고살기 위해 온갖 허드렛일을 도맡아 했어.
낮에는 뜨거운 햇살 아래 남의 집 곡식 방아를 찧고,
밤에는 가물가물한 등잔불 아래 다른 사람의 옷을 지었지.
이도 저도 일거리가 없을 때는 밥을 빌어먹었어.
착한 지은이 고생하는 게 보기에 딱했던지 앞집 사는 지게꾼도
먹을 걸 선뜻 내주고, 뒷집 사는 사냥꾼도 몰래 산짐승을 놓고 갔어.

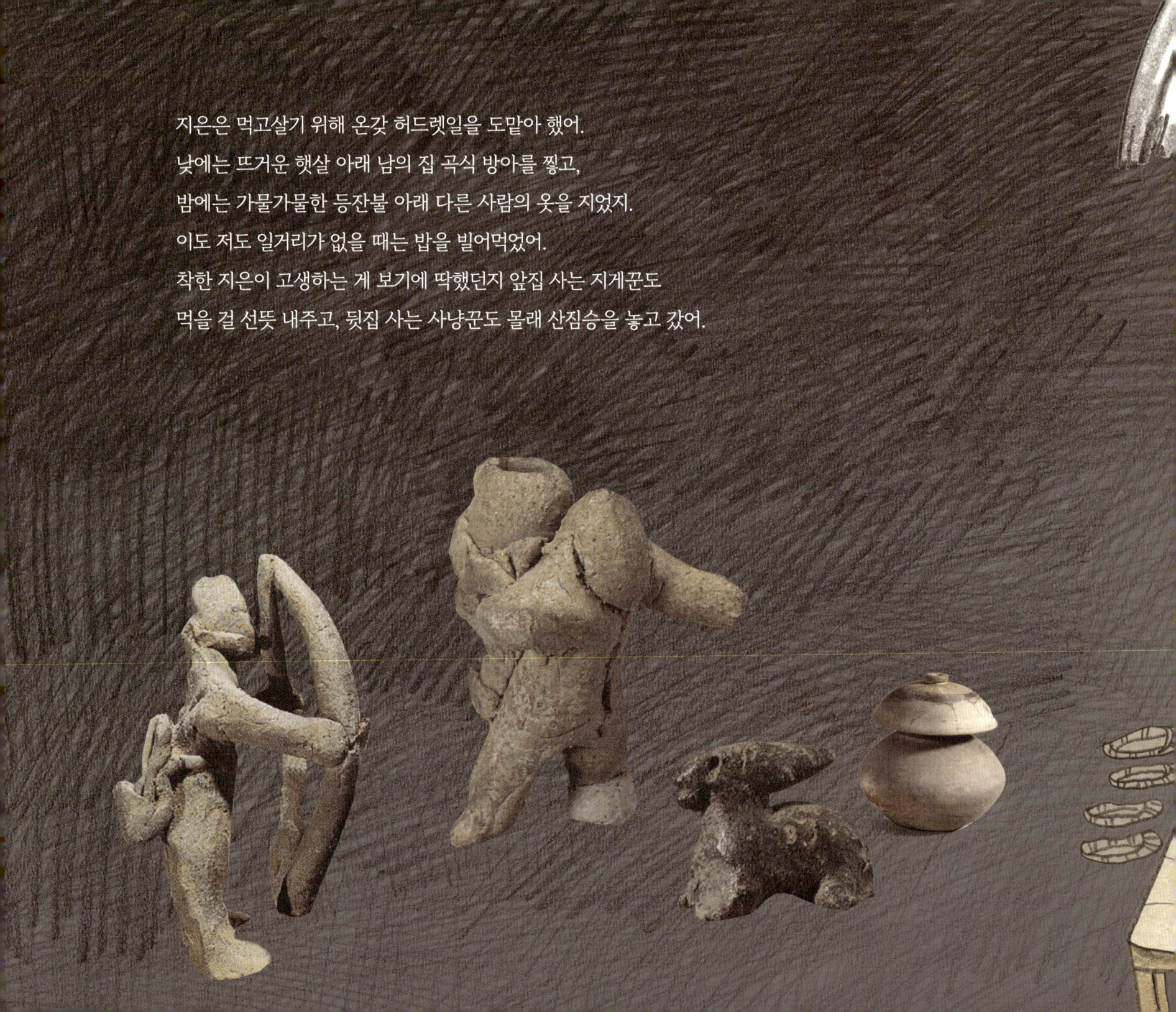

그러던 어느 해, 나라에 큰 가뭄이 들었어.
논밭이 모두 말라붙어 먹을 것 찾기가 하늘에 별 따기보다 힘들었지.

겨우겨우 겨울을 넘기고 봄을 맞은 지은은
곡식 항아리를 탈탈 털어 어머니께 드릴 밥을 지었어.
그러고는 곡식을 꾸러 온 마을을 돌아다니는데,
좁쌀 한 톨, 밥 한 술 건네는 사람이 없어.
다들 입에 풀칠하기도 힘들었던 거야.
지은은 답답한 마음에 눈물만 줄줄 쏟았지.

지은은 곰곰 생각하다 고개 너머 부잣집을 찾아갔어.
머뭇머뭇 도깨비 모양 문고리를 흔들자, 비단옷을 입은 안주인이 나왔어.
지은은 털썩 주저앉아 간절한 마음으로 빌었어.
"먹을 걸 주시면 무슨 일이든 하겠습니다."
"쯧쯧, 내 집 종이 되어 일하면 두 사람이 먹을 쌀을 내주마."
안주인의 말에 지은은 힘없이 고개를 끄덕였어.

그날부터 지은은 날이 밝기 무섭게 부잣집으로 종살이를 갔어.
꼭두새벽부터 종종걸음을 치며 궂은일을 하다가
어둑어둑해지면 몸값으로 받은 쌀을 집으로 가져와
어머니께 따뜻한 밥을 지어 드렸지.

그렇게 하루 이틀 사흘이 지나 나흘째 되던 날이었어.

"얘야, 참 이상하구나. 전에 먹던 밥은 거칠어도 달게 넘어 갔는데,
요즘은 부드러운 쌀밥을 먹는데도 속이 찢어질 듯 아프니, 이게 어찌된 일이냐?"

어머니의 말에 지은이 울음을 터뜨리며 사실을 털어놓았어.

"어머니, 제가 잘못했어요. 어머니를 배불리 모실 생각에 그만……."

"어미가 되어 너를 종으로 만들다니!"

두 사람은 와락 끌어안고 울었어. 그 모습이 어찌나 슬펐던지,
울음소리를 듣고 온 사람들도 모두 눈물을 글썽였지.

"세상에 이렇게 아름다운 일이 또 있겠느냐."
두 화랑의 이야기를 다 들은 효종랑은 크게 감동했어.
그 무렵 신라에서는 오랫동안 이어진 가뭄 때문에
가족이 뿔뿔이 흩어지는 일이 흔했어.
그런데 지은은 홀어머니를 모시려고 스스로 종이 되다니!
나라와 백성을 위하는 화랑으로서
도저히 모른 척할 수 없었지.

효종랑은 수레에 곡식을 가득 실어 지은에게 보냈어.
그러고는 지은이 종으로 일하는 부잣집에 찾아가
쌀을 갚아 주고 지은을 종살이에서 풀어 주었지.

효종랑을 따르는 화랑들도 지은을 돕겠다고 나섰어.
저마다 쌀을 모아 지은에게 보낸 거야.
지은과 어머니는 고마워 어쩔 줄 몰랐어.
앞 못 보는 어머니는 절을 하고 또 했지.

효녀 지은과 화랑 효종랑의 이야기는
서라벌을 돌고 돌아 궁궐에 계신 여왕님의 귀에까지 들어갔어.
"마음씨 고운 지은이 세상을 감동시켰으니, 큰 상을 내려야겠구나."
여왕님은 효종랑과 화랑들도 크게 칭찬했어.
"어린 나이에 큰일을 했다. 어려운 백성을 도운
효종랑과 화랑들의 어진 마음을 깊이 새기마."

여왕님은 지은에게 많은 곡식을 내렸어.
살 만한 집도 한 채 마련해 주고,
도적이 들까 염려해 군사들도 보내 주었지.
지은은 얼굴 가득 함박웃음을 지으며 말했어.
"어머니, 살다 보니 오늘처럼 기쁜 날이 다 있네요!"
"네가 착한 일을 많이 해서 부처님이 돌보신 것 같구나."
마을 사람들도 모두 기뻐하며 빌릴리 둥당당
흥겨운 가락에 맞추어 덩실덩실 춤을 추었어.

그러는 사이 서쪽 산 너머로 뉘엿뉘엿 해가 넘어갔어.
어디선가 맑은 종소리가 울리더니 분황사 동쪽 마을을 가득 채웠어.
가난하지만 서로를 위할 줄 알았던 신라 사람들을 감싸듯이 말이야.

# 『효녀 지은과 화랑 효종랑』에 나오는 유물, 유적

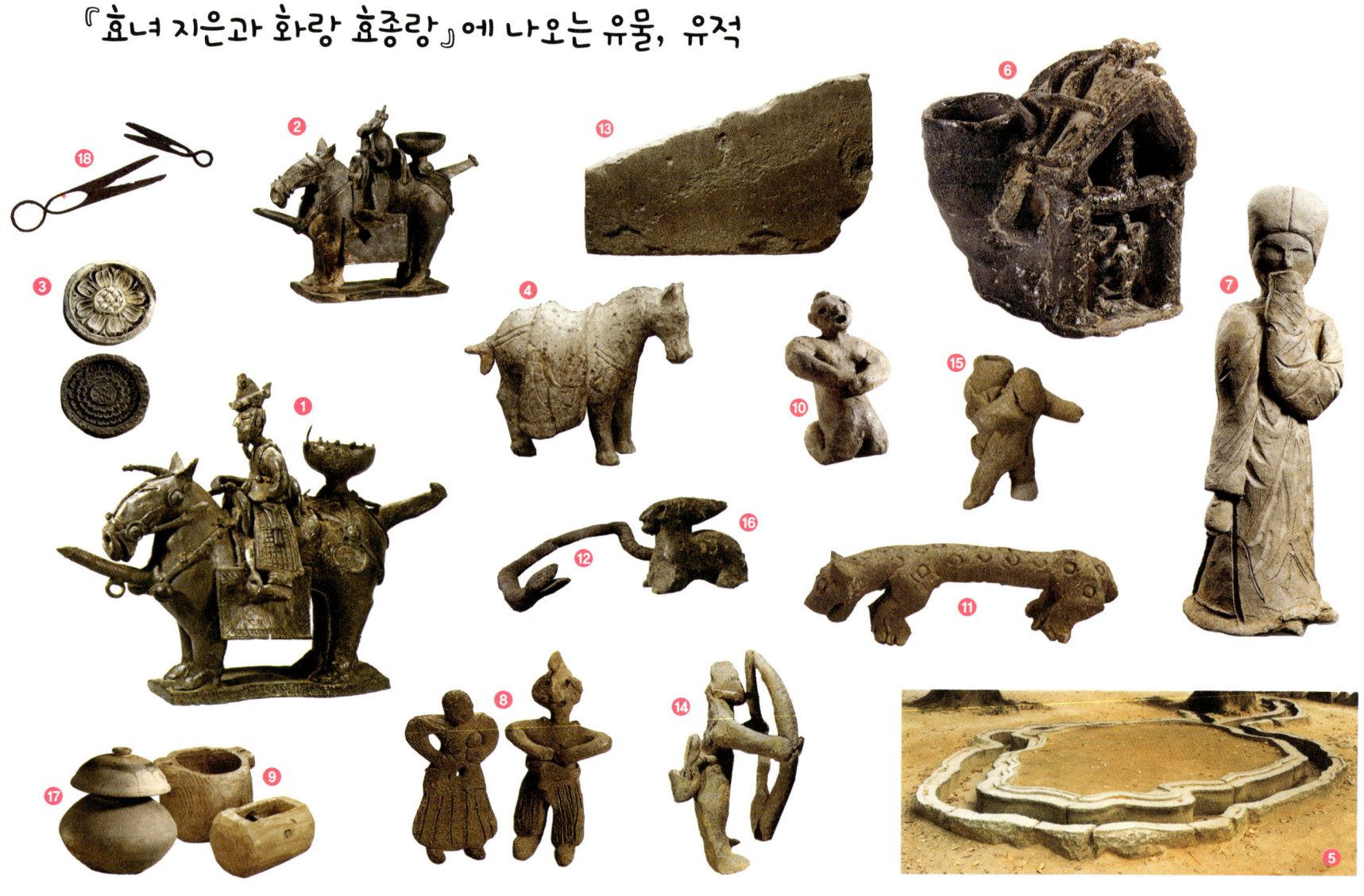

1. 말 탄 사람 모양 토기*-주인
2. 말 탄 사람 모양 토기-하인
3. 연꽃무늬 수막새
4. 말 토우*
5. 포석정*
6. 집 모양 토기
7. 입을 가린 여인상
8. 부부 토우
9. 나무 두레박
10. 무릎을 꿇고 앉아 있는 토우
11. 호랑이 토우
12. 뱀 토우
13. 문무왕릉비*
14. 사냥꾼 토우
15. 지게 진 사람 토우
16. 토끼 토우
17. 뚜껑이 있는 항아리
18. 철로 만든 가위

- ⑲ 등잔
- ⑳ 엎드려 절하는 토우
- ㉑ 화덕(아래)과 시루
- ㉒ 손을 앞으로 모은 토우
- ㉓ 글자가 새겨진 큰 항아리
- ㉔ 단청*용 그릇
- ㉕ 기와집 모양 뼈 담는 그릇
- ㉖ 짐승 얼굴 무늬 문고리
- ㉗ 여인상
- ㉘ 풍로
- ㉙ 도끼(왼쪽)와 망치
- ㉚ 개 토우
- ㉛ 가마우지 토우
- ㉜ 슬퍼하는 사람 토우
- ㉝ 그림이 그려진 대접
- ㉞ 청동 숟가락
- ㉟ 수레 모양 토기
- ㊱ 빗

㊳

㊷

㊴

㊲

㊼

㊽

㊻

㊺

㊵

㊶

㊹

㊸

㊲ 금관(천마총)

㊳ 천마도

㊴ 굵은고리 귀걸이

㊵ 금으로 만든 연꽃 봉오리 장식

㊶ 남자상

㊷ 가슴걸이

㊸ 피리 부는 토우

㊹ 비파* 연주하는 토우

㊺ 할아버지 얼굴 토우

㊻ 창

㊼ 성덕 대왕 신종

㊽ 얼굴 무늬 수막새

**토기**: 흙으로 만든 그릇.
**토우**: 흙으로 만든 인형.
**포석정**: 전복 모양의 돌 도랑이 있는 정원. 왕이 귀족들과 둘러앉아 술잔을 나누거나, 제사를 지내던 곳으로 여겨진다.
**문무왕릉비**: 신라 제30대 왕인 문무왕의 업적, 유언 등이 쓰인 비석.
**단청**: 옛날식 집, 그릇 등에 여러 색을 칠하거나 그림을 그리는 것.
**비파**: 동양 현악기의 하나로, 몸체는 둥글고 긴 타원형이며 자루는 곧고 짧다.

# 이야기 속에 숨어 있는 유물, 유적을 찾아보세요!